Deus Conosco
ANO LITÚRGICO
2026

ANO A
SÃO MATEUS

EDITORA
SANTUÁRIO

ABREVIATURAS DOS LIVROS BÍBLICOS

Ab .... *Abdias*
Ag .... *Ageu*
Am .... *Amós*
Ap .... *Apocalipse*
At .... *Atos dos Apóstolos*
Br .... *Baruc*
Cl .... *Carta aos Colossenses*
1Cor .... *1ª carta aos Coríntios*
2Cor .... *2ª carta aos Coríntios*
1Cr .... *1º livro das Crônicas*
2Cr .... *2º livro das Crônicas*
Ct .... *Cântico dos Cânticos*
Dn .... *Daniel*
Dt .... *Deuteronômio*
Ecl .... *Eclesiastes*
Eclo .... *Eclesiástico*
Ef .... *Carta aos Efésios*
Esd .... *Esdras*
Est .... *Ester*
Ex .... *Êxodo*
Ez .... *Ezequiel*
Fl .... *Carta aos Filipenses*
Fm .... *Carta a Filêmon*
Gl .... *Carta aos Gálatas*
Gn .... *Gênesis*
Hab .... *Habacuc*
Hb .... *Carta aos Hebreus*
Is .... *Isaías*
Jd .... *Carta de Judas*
Jl .... *Joel*
Jn .... *Jonas*
Jó .... *Jó*
Jo .... *Evangelho de João*
1Jo .... *1ª carta de João*
2Jo .... *2ª carta de João*
3Jo .... *3ª carta de João*
Jr .... *Jeremias*
Js .... *Josué*
Jt .... *Judite*
Jz .... *Juízes*
Lc .... *Evangelho de Lucas*
Lm .... *Lamentações*
Lv .... *Levítico*
Mc .... *Evangelho de Marcos*
1Mc .... *1º livro dos Macabeus*
2Mc .... *2º livro dos Macabeus*
Ml .... *Malaquias*
Mq .... *Miqueias*
Mt .... *Evangelho de Mateus*
Na .... *Naum*
Ne .... *Neemias*
Nm .... *Números*
Os .... *Oseias*
1Pd .... *1ª carta de Pedro*
2Pd .... *2ª carta de Pedro*
Pr .... *Provérbios*
Rm .... *Carta aos Romanos*
1Rs .... *1º livro dos Reis*
2Rs .... *2º livro dos Reis*
Rt .... *Rute*
Sb .... *Sabedoria*
Sf .... *Sofonias*
Sl .... *Salmos*
1Sm .... *1º livro de Samuel*
2Sm .... *2º livro de Samuel*
Tb .... *Tobias*
Tg .... *Carta de Tiago*
1Tm .... *1ª carta a Timóteo*
2Tm .... *2ª carta a Timóteo*
1Ts .... *1ª carta aos Tessalonicenses*
2Ts .... *2ª carta aos Tessalonicenses*
Tt .... *Carta a Tito*
Zc .... *Zacarias*

Rua Pe. Claro Monteiro, 342 – 12570-045 – Aparecida-SP
Tel.: 12 3104-2000 – Televendas: 0800 016 0004
www.editorasantuario.com.br
vendas@editorasantuario.com.br

Ano Litúrgico 2026 - Ano A

Evangelho de São Mateus

Ano par

Início: 30 de novembro de 2025

Término: 28 de novembro de 2026

Algumas celebrações móveis:

1º Domingo do Advento	30 de novembro de 2025
Sagrada Família	28 de dezembro de 2025
Epifania	04 de janeiro
Batismo do Senhor	11 de janeiro
Quarta-feira de Cinzas	18 de fevereiro
Domingo de Ramos	29 de março
Domingo de Páscoa	05 de abril
Ascensão do Senhor	17 de maio
Pentecostes	24 de maio
Santíssima Trindade	31 de maio
Corpus Christi	04 de junho
Sagrado Coração de Jesus	12 de junho
Imaculado Coração de Maria	13 de junho
Jesus Cristo, Rei do Universo	22 de novembro

- Primeira parte do Tempo Comum: 11 de janeiro até 17 de fevereiro de 2026 (6ª Semana do Tempo Comum)
- Segunda parte do Tempo Comum: 24 de maio de 2026 (8ª Semana do Tempo Comum)

OUTRAS ABREVIATURAS E CONVENÇÕES

Ab.: Abade
Ap.: Apóstolo
Aps.: Apóstolos
B.: Bispo
BDr.: Bispo e Doutor
Bv.: Bem-aventurado
CmFac.: Comemoração Facultativa
Comps.: Companheiros
Diác.: Diácono
Ev.: Evangelista
Mem.: Memória
MFac.: Memória facultativa
Mt.: Mártir
PpDr.: Papa e Doutor
Pp.: Papa
PpMt.: Papa e Mártir
Presb.: Presbítero
Sta.: Santa
Sto.: Santo
Ss.: Santos
S.: São
Rlg.: Religioso(a)
Vg.: Virgem

Cores Litúrgicas

Tempo do Advento .... Roxo
Tempo do Natal .... Branco
Tempo Quaresmal .... Roxo
Tempo Pascal .... Branco
Tempo Comum .... Verde

Calendário 2026

JANEIRO

D	S	T	Q	Q	S	S
				1	2	3
4	5	6	7	8	9	10
11	12	13	14	15	16	17
18	19	20	21	22	23	24
25	26	27	28	29	30	31

1 • Ano-Novo

FEVEREIRO

D	S	T	Q	Q	S	S
1	2	3	4	5	6	7
8	9	10	11	12	13	14
15	16	17	18	19	20	21
22	23	24	25	26	27	28

17 • Carnaval

MARÇO

D	S	T	Q	Q	S	S
1	2	3	4	5	6	7
8	9	10	11	12	13	14
15	16	17	18	19	20	21
22	23	24	25	26	27	28
29	30	31				

ABRIL

D	S	T	Q	Q	S	S
			1	2	3	4
5	6	7	8	9	10	11
12	13	14	15	16	17	18
19	20	21	22	23	24	25
26	27	28	29	30		

3 • Sexta-feira Santa
5 • Páscoa | 21 • Tiradentes

MAIO

D	S	T	Q	Q	S	S
					1	2
3	4	5	6	7	8	9
10	11	12	13	14	15	16
17	18	19	20	21	22	23
24/31	25	26	27	28	29	30

1 • Dia do Trabalho

JUNHO

D	S	T	Q	Q	S	S
	1	2	3	4	5	6
7	8	9	10	11	12	13
14	15	16	17	18	19	20
21	22	23	24	25	26	27
28	29	30				

4 • Corpus Christi

JULHO

D	S	T	Q	Q	S	S
			1	2	3	4
5	6	7	8	9	10	11
12	13	14	15	16	17	18
19	20	21	22	23	24	25
26	27	28	29	30	31	

AGOSTO

D	S	T	Q	Q	S	S
						1
2	3	4	5	6	7	8
9	10	11	12	13	14	15
16	17	18	19	20	21	22
23/30	24/31	25	26	27	28	29

SETEMBRO

D	S	T	Q	Q	S	S
		1	2	3	4	5
6	7	8	9	10	11	12
13	14	15	16	17	18	19
20	21	22	23	24	25	26
27	28	29	30			

7 • Independência do Brasil

OUTUBRO

D	S	T	Q	Q	S	S
				1	2	3
4	5	6	7	8	9	10
11	12	13	14	15	16	17
18	19	20	21	22	23	24
25	26	27	28	29	30	31

12 • Nossa Senhora Aparecida
Dia das Crianças

NOVEMBRO

D	S	T	Q	Q	S	S
1	2	3	4	5	6	7
8	9	10	11	12	13	14
15	16	17	18	19	20	21
22	23	24	25	26	27	28
29	30					

2 • Finados
15 • Proclamação da República
20 • Dia Nacional de Zumbi e da Consciência Negra

DEZEMBRO

D	S	T	Q	Q	S	S
		1	2	3	4	5
6	7	8	9	10	11	12
13	14	15	16	17	18	19
20	21	22	23	24	25	26
27	28	29	30	31		

25 • Natal

Dezembro 2025

	DOM	SEG	TER
I SEMANA DO SALTÉRIO		**1** **1ª Semana do Advento** Roxa Is 4,2-6 Sl 121 Mt 8,5-11	**2** **1ª Semana Adve** R Is 11,1- Sl Lc 10,21-
II SEMANA DO SALTÉRIO	**7** **2º Domingo do Advento** Roxa Is 11,1-10 Sl 71 Rm 15,4-9 Mt 3,1-12	**8** **Imaculada Conceição da Virgem Maria, Solenidade** Branca Gn 3,9-15.20 Sl 97 Ef 1,3-6.11-12 Lc 1,26-38	**9** **2ª Semana Adve** R Is 40,1- Sl Mt 18,12-
III SEMANA DO SALTÉRIO	**14** **3º Domingo do Advento** Rósea ou Roxa Is 35,1-6a.10 Sl 145 Tg 5,7-10 Mt 11,2-11	**15** **3ª Semana do Advento** Roxa Nm 24,2-7.15-17a Sl 24 Mt 21,23-27	**16** **3ª Sema do Adve** R Sf 3,1-2.9- Sl Mt 21,28-
IV SEMANA DO SALTÉRIO	**21** **4º Domingo do Advento** Roxa Is 7,10-14 Sl 23 Rm 1,1-7 Mt 1,18-24	**22** **Preparação próxima do Natal** Roxa 1Sm 1,24-28 Ct 1Sm 2 Lc 1,46-56	**23** **Preparaç próxima Na** R Ml 3,1-4.23- Sl Lc 1,57-
I SEMANA DO SALTÉRIO	**28** **Sagrada Família, Jesus, Maria e José, Festa** Branca Eclo 3,3-7.14-17a Sl 127 Cl 3,12-21 Mt 2,13-15.19-23	**29** **5º Dia na Oitava do Natal do Senhor** Branca 1Jo 2,3-11 Sl 95 Lc 2,22-35	**30** **6º Dia Oitava Natal Senh** Bran 1Jo 2,12- Sl Lc 2,36-

QUA	QUI	SEX	SÁB
S. Francisco Xavier, Presb., Mem. Branca Is 25,6-10a Sl 22 Mt 15,29-37	**4** **1ª Semana do Advento** Roxa S. João Damasceno, PresbDr., MFac. Is 26,1-6 Sl 117 Mt 7,21.24-27	**5** **1ª Semana do Advento** Roxa Is 29,17-24 Sl 26 Mt 9,27-31	**6** **1ª Semana do Advento** Roxa S. Nicolau, Bispo, Mfac. Is 30,19-21.23-26 Sl 146 Mt 9,35-10,1.6-8
0 **2ª Semana do Advento** Roxa Is 40,25-31 Sl 102 Mt 11,28-30	**11** **2ª Semana do Advento** Roxa Is 41,13-20 Sl 144 Mt 11,11-15	**12** **Nossa Senhora de Guadalupe, Festa** Branca Gl,4,4-7 Sl 95 Lc 1,39-47	**13** **Sta. Luzia, VgMt., Mem.** Vermelha Eclo 48,1-4.9-11 Sl 79 Mt 17,10-13
7 **Preparação próxima do Natal** Roxa Gn 49,2.8-10 Sl 71 Mt 1,1-17	**18** **Preparação próxima do Natal** Roxa Jr 23,5-8 Sl 71 Mt 1,18-24	**19** **Preparação próxima do Natal** Roxa Jz 13,2-7.24-25a Sl 70 Lc 1,5-25	**20** **Preparação próxima do Natal** Roxa Is 7,10-14 Sl 23 Lc 1,26-38
4 **Preparação próxima do Natal** Roxa 2Sm 7,1-5.8b-12.14a.16 Sl 88 Lc 1,67-79	**25** **Natal do Senhor, Solenidade** Branca Missa da Noite: Is 9,1-6; Sl 95; Tt 2,11-14; Lc 2,1-14 Missa do Dia: Is 52,7-10; Sl 97; Hb 1,1-6; Jo 1,1-18 ou Jo 1,1-5.9-14	**26** **Sto. Estevão, protomártir, Festa** Vermelha At 6,8-10;7,54-59 Sl 30 Mt 10,17-22	**27** **S. João, Ap. e Ev., Festa** Branca 1Jo 1,1-4 Sl 96 Jo 20,2-8
31 **7º Dia na Oitava do Natal do Senhor** Branca S. Silvestre, Pp., MFac. 1Jo 2,18-21 Sl 95 Jo 1,1-18			

Janeiro 2026

	DOM	SEG	TER
I SEMANA DO SALTÉRIO	ANOTAÇÕES:		
II SEMANA DO SALTÉRIO	**4** **Epifania do Senhor, Solenidade** Cor Branca Is 60,1-6 Sl 71 Ef 3,2-3a.5-6 Mt 2,1-12	**5** **Segunda-feira depois da Epifania** Cor Branca 1Jo 3,22-4,6 Sl 2 Mt 4,12-17.23-25	**6** **Terça-fei depois Epifan** Cor Bran 1Jo 4,7- Sl Mc 6,34-
I SEMANA DO SALTÉRIO	**11** **Batismo do Senhor, Festa** Cor Branca Is 42,1-4.6-7 Sl 28 At 10,34-38 Mt 3,13-17	**12** **1ª Semana do Tempo Comum** Cor Verde 1Sm 1,1-8 Sl 115 Mc 1,14-20	**13** **1ª Sema do Tem Comu** Cor Ver 1Sm 1,9- Ct.:1Sm Mc 1,21b-
II SEMANA DO SALTÉRIO	**18** **2º Domingo do Tempo Comum** Cor Verde Is 49,3.5-6 Sl 39 1Cor 1,1-3 Jo 1,29-34	**19** **2ª Semana do Tempo Comum** Cor Verde 1Sm 15,16-23 Sl 49 Mc 2,18-22	**20** **2ª Semar do Temp Comu** Cor Verc S. Sebastião, M MFa 1Sm 16,1- Sl 8 Mc 2,23-2
III SEMANA DO SALTÉRIO	**25** **3º Domingo do Tempo Comum** Cor Verde Domingo da Palavra de Deus Is 8,23b-9,3 Sl 26 1Cor 1,10-13.17 Mt 4,12-23	**26** **S. Tito e S. Timóteo, BB., Mem.** Cor Branca 2Tm 1,1-8 ou Tt 1,1-5 Sl 95 Lc 10,1-9	**27** **3ª Seman do Temp Comu** Cor Verc Sta. Ângela de Meric Vg., MFa 2Sm 6,12b-15.17-1 Sl 2 Mc 3,31-3

QUA	QUI	SEX	SÁB
	1 **Sta. Maria, Mãe de Deus, Solenidade** Cor Branca Nm 6,22-27 Sl 66 Gl 4,4-7 Lc 2,16-21	**2** **Ss. Basílio Magno e Gregório de Nazianzo, BBDDrs., Mem.** Cor Branca 1Jo 2,22-28 Sl 97 Jo 1,19-28	**3** **Sábado antes da Epifania** Cor Branca 1Jo 2,29-3,6 Sl 97 Jo 1,29-34
Quarta-feira depois da Epifania Cor Branca 1Jo 4,11-18 Sl 71 Mc 6,45-52	**8** **Quinta-feira depois da Epifania** Cor Branca 1Jo 4,19-5,4 Sl 71 Lc 4,14-22a	**9** **Sexta-feira depois da Epifania** Cor Branca 1Jo 5,5-13 Sl 147 Lc 5,12-16	**10** **Sábado depois da Epifania** Cor Branca 1Jo 5,14-21 Sl 149 Jo 3,22-30
4 **1ª Semana do Tempo Comum** Cor Verde Sm 3,1-10.19-20 Sl 39 Mc 1,29-39	**15** **1ª Semana do Tempo Comum** Cor Verde 1Sm 4,1-11 Sl 43 Mc 1,40-45	**16** **1ª Semana do Tempo Comum** Cor Verde 1Sm 8,4-7.10-22a Sl 88 Mc 2,1-12	**17** **Sto. Antão, Ab. Mem.** Cor Branca 1Sm 9,1-4.17-19; 10,1a Sl 20 Mc 2,13-17
1 **Sta. Inês, VgMt., Mem.** Cor Vermelha 1Sm 17,32-33.37.40-51 Sl 143 Mc 3,1-6	**22** **2ª Semana do Tempo Comum** Cor Verde S. Vicente, DiácMt., MFac. 1Sm 18,6-9;19,1-7 Sl 55 Mc 3,7-12	**23** **2ª Semana do Tempo Comum** Cor Verde 1Sm 24,3-21 Sl 56 Mc 3,13-19	**24** **S. Francisco de Sales, BDr., Mem.** Cor Branca 2Sm 1,1-4.11-12.19.23-27 Sl 79 Mc 3,20-21
8 **S. Tomás de Aquino, PresbDr., Mem.** Cor Branca 2Sm 7,4-17 Sl 88 Mc 4,1-20	**29** **3ª Semana do Tempo Comum** Cor Verde 2Sm 7,18-19.24-29 Sl 131 Mc 4,21-25	**30** **3ª Semana do Tempo Comum** Cor Verde 2Sm 11,1-4a.5-10a.13-17 Sl 50 Mc 4,26-34	**31** **S. João Bosco, Presb., Mem.** Cor Branca 2Sm 12,1-7a.10-17 Sl 50 Mc 4,35-41

Fevereiro 2026

	DOM	SEG	TER
IV SEMANA DO SALTÉRIO	1 **4º Domingo do Tempo Comum** Cor Verde Sf 2,3;3,12-13 Sl 145 1Cor 1,26-31 Mt 5,1-12a	2 **Apresentação do Senhor, Festa** Cor Branca Ml 3,1-4 Hb 2,14-18 Sl 23 Lc 2,22-40	3 **4ª Sema do Temp Comu** Cor Ver S. Brás, BMt., MF 2 18,9-10.14b.2 25a.30-1 Sl Mc 5,21-
I SEMANA DO SALTÉRIO	8 **5º Domingo do Tempo Comum** Cor Verde Is 58,7-10 Sl 111 1Cor 2,1-5 Mt 5,13-16	9 **5ª Semana do Tempo Comum** Cor Verde 1Rs 8,1-7.9-13 Sl 131 Mc 6,53-56	10 **S Escolástic Vg., Me** Cor Bran 1Rs 8,22-23.27- Sl Mc 7,1-
II SEMANA DO SALTÉRIO	15 **6º Domingo do Tempo Comum** Cor Verde Eclo 15,16-21 Sl 118 1Cor 2,6-10 Mt 5,17-37	16 **6ª Semana do Tempo Comum** Cor Verde Tg 1,1-11 Sl 118 Mc 8,11-13	17 *Carnaval* **6ª Sema do Tem Comu** Cor Ve Sete S Fundadores Servitas, MF Tg 1,12- Sl Mc 8,14-
I SEMANA DO SALTÉRIO	22 **1º Domingo da Quaresma** Cor Roxa Gn 2,7-9;3,1-7 Sl 50 Rm 5,12-19 Mt 4,1-11	23 **1ª Semana da Quaresma** Cor Roxa Lv 19,1-2.11-18 Sl 18 Mt 25,31-46	24 **1ª Sema da Quares** Cor R Is 55,10- Sl Mt 6,7-

QUA	QUI	SEX	SÁB
4ª Semana do Tempo Comum Cor Verde 2Sm 24,2.9-17 Sl 31 Mc 6,1-6	**5** **Sta. Águeda, VgMt., Mem.** Cor Vermelha 1Rs 2,1-4.10-12 Ct.: 1Cr 29,10.11ab.11d-12a.12bcd; Mc 6,7-13	**6** **S. Paulo Miki e Comps. Mts., Mem.** Cor Vermelha Eclo 47,2-13 Sl 17 Mc 6,14-29	**7** **4ª Semana do Tempo Comum** Cor Verde 1Rs 3,4-13 Sl 118 Mc 6,30-34
1 **5ª Semana do Tempo Comum** Cor Verde N. Senhora de Lourdes, MFac. 1Rs 10,1-10 Sl 36 Mc 7,14-23	**12** **5ª Semana do Tempo Comum** Cor Verde 1Rs 11,4-13 Sl 105 Mc 7,24-30	**13** **5ª Semana do Tempo Comum** Cor Verde 1Rs 11,29-32; 12,19 Sl 80 Mc 7,31-37	**14** **S. Cirilo, Monge, e S. Metódio, Bispo, Mem.** Cor Branca 1Rs 12,26-32;13,33-34 Sl 105 Mc 8,1-10
8 **Quarta-feira de Cinzas** Cor Roxa Jl 2,12-18 Sl 50 2Cor 5,20-6,2 Mt 6,1-6.16-18	**19** **Quinta-feira depois das Cinzas** Cor Roxa Dt 30,15-20 Sl 1 Lc 9,22-25	**20** **Sexta-feira depois das Cinzas** Cor Roxa Is 58,1-9a Sl 50 Mt 9,14-15	**21** **Sábado depois das Cinzas** Cor Roxa Is 58,9b-14 Sl 85 Lc 5,27-32
5 **1ª Semana da Quaresma** Cor Roxa Jn 3,1-10 Sl 50 Lc 11,29-32	**26** **1ª Semana da Quaresma** Cor Roxa Est 4,17n.p-r.aa-bb.gg-hh Sl 137 Mt 7,7-12	**27** **1ª Semana da Quaresma** Cor Roxa Ez 18,21-28 Sl 129 Mt 5,20-26	**28** **1ª Semana da Quaresma** Cor Roxa Dt 26,16-19 Sl 118 Mt 5,43-48

Março 2026

	DOM	SEG	TER
II SEMANA DO SALTÉRIO	**1** **2º Domingo da Quaresma** Cor Roxa Gn 12,1-4a Sl 32 2Tm 1,8b-10 Mt 17,1-9	**2** **2ª Semana da Quaresma** Cor Roxa Dn 9,4b-10 Sl 78 Lc 6,36-38	**3** **2ª Semana Quares** Cor R Is 1,10.16- Sl Mt 23,1-
III SEMANA DO SALTÉRIO	**8** **3º Domingo da Quaresma** Cor Roxa Êx 17,3-7 Sl 94 Rm 5,1-2.5-8 Jo 4,5-42	**9** **3ª Semana da Quaresma** Cor Roxa 2Rs 5,1-15a Sl 41 Lc 4,24-30	**10** **3ª Sema da Quares** Cor R Dn 3,25.34- Sl Mt 18,21-
IV SEMANA DO SALTÉRIO	**15** **4º Domingo da Quaresma** Cor Roxa ou Rósea 1Sm 16,1b.6-7. 10-13a Sl 22 Ef 5,8-14 Jo 9,1-41	**16** **4ª Semana da Quaresma** Cor Roxa Is 65,17-21 Sl 29 Jo 4,43-54	**17** **4ª Sema da Quares** Cor R Ez 47,1-9 Sl Jo 5,1-
I SEMANA DO SALTÉRIO	**22** **5º Domingo da Quaresma** Cor Roxa Ez 37,12-14 Sl 129 Rm 8,8-11 Jo 11,1-45	**23** **5ª Semana da Quaresma** Cor Roxa Dn 13,1-9. 15-17.19-30.33-62 Sl 22 Jo 8,1-11	**24** **5ª Sema da Quares** Cor R Nm 21, Sl 1 Jo 8,21-
II SEMANA DO SALTÉRIO	**29** **Domingo de Ramos** Cor Vermelha Is 50,4-7 Sl 21 Fl 2,6-11 Mt 26,14-27,66	**30** **Segunda-feira da Semana Santa** Cor Roxa Is 42,1-7 Sl 26 Jo 12,1-11	**31** **Terça-fe da Sema Sa** Cor R Is 49, Sl Jo 13,21-33.36-

QUA	QUI	SEX	SÁB
4 **2ª Semana da Quaresma** Cor Roxa Jr 18,18-20 Sl 30 Mt 20,17-28	**5** **2ª Semana da Quaresma** Cor Roxa Jr 17,5-10 Sl 1 Lc 16,19-31	**6** **2ª Semana da Quaresma** Cor Roxa Gn 37,3-4.12-13a. 17b-28 Sl 104 Mt 21,33-43.45-46	**7** **2ª Semana da Quaresma** Cor Roxa Stas. Perpétua e Felicidade, MFac. Mq 7,14-15.18-20 Sl 102 Lc 15,1-3.11-32
1 **3ª Semana da Quaresma** Cor Roxa Dt 4,1.5-9 Sl 147 Mt 5,17-19	**12** **3ª Semana da Quaresma** Cor Roxa Jr 7,23-28 Sl 94 Lc 11,14-23	**13** **3ª Semana da Quaresma** Cor Roxa Os 14,2-10 Sl 80 Mc 12,28b-34	**14** **3ª Semana da Quaresma** Cor Roxa Os 6,1-6 Sl 50 Lc 18,9-14
8 **4ª Semana da Quaresma** Cor Roxa Is 49,8-15 Sl 144 Jo 5,17-30	**19** **S. José, Esposo da Virgem Maria, Solenidade** Cor Branca 2Sm 7,4-5a.12- 14a.16 Sl 88 Rm 4,13.16-18.22 Mt 1,16.18-21.24a ou Lc 2,41-51	**20** **4ª Semana da Quaresma** Cor Roxa Sb 2,1a.12-22 Sl 33 Jo 7,1-2 10.25-30	**21** **4ª Semana da Quaresma** Cor Roxa Jr 11,18-20 Sl 7 Jo 7,40-53
5 **Anunciação do Senhor, Solenidade** Cor Branca Is 7,10-14;8,10 Sl 39 Hb 10,4-10 Lc 1,26-38	**26** **5ª Semana da Quaresma** Cor Roxa Gn 17,3-9 Sl 104 Jo 8,51-59	**27** **5ª Semana da Quaresma** Cor Roxa Jr 20,10-13 Sl 17 Jo 10,31-42	**28** **5ª Semana da Quaresma** Cor Roxa Ez 37,21-28 Ct: Jr 31 Jo 11,45-56

NOTAÇÕES:

Abril 2026

	DOM	SEG	TER
II SEMANA DO SALTÉRIO	ANOTAÇÕES:		
I SEMANA DO SALTÉRIO	**5** **Páscoa do Senhor, Solenidade** Cor Branca At 10,34a.37-43 Sl 117 Cl 3,1-4 ou 1Cor 5,6b-8 Jo 20,1-9	**6** **Segunda-feira da Oitava da Páscoa** Cor Branca At 2,14.22-32 Sl 15 Mt 28,8-15	**7** **Terça-fei da Oitava Pásc** Cor Bran At 2,36- Sl Jo 20,11-
II SEMANA DO SALTÉRIO	**12** **2º Domingo da Páscoa** Cor Branca Domingo da Divina Misericórdia At 2,42-47 Sl 117 1Pd 1,3-9 Jo 20,19-31	**13** **2ª Semana da Páscoa** Cor Branca At 4,23-31 Sl 2 Jo 3,1-8	**14** **2ª Sema da Pásc** Cor Bran At 4,32- Sl Jo 3,7b-
III SEMANA DO SALTÉRIO	**19** **3º Domingo da Páscoa** Cor Branca At 2,14.22-33 Sl 15 1Pd 1,17-21 Lc 24,13-35	**20** **3ª Semana da Páscoa** Cor Branca At 6,8-15 Sl 118 Jo 6,22-29	**21** *Tiradentes* **3ª Sema da Pásc** Cor Bran At 7,51-8, Sl Jo 6,30-
IV SEMANA DO SALTÉRIO	**26** **4º Domingo da Páscoa** Cor Branca At 2,14a.36-41 Sl 22 1Pd 2,20b-25 Jo 10,1-10	**27** **4ª Semana da Páscoa** Cor Branca At 11,1-18 Sl 41 Jo 10,11-18	**28** **4ª Sema da Pásc** Cor Bran At 11,19- Sl Jo 10,22-

QUA	QUI	SEX	SÁB
Quarta-feira da Semana Santa Cor Roxa Is 50,4-9a Sl 68 Mt 26,14-25	**2** **Ceia do Senhor** Cor Branca Êx 12,1-8.11-14 Sl 115 1Cor 11,23-26 Jo 13,1-15	**3** **Paixão do Senhor** Cor Vermelha Is 52,13-53,12 Sl 30 Hb 4,14-16;5,7-9 Jo 18,1-19,42	**4** **Sábado Santo - Vigília Pascal** Cor Branca Gn 1,1-2,2 ou Gn 1,1.26-31a; Sl 103; Gn 22,1-18 ou Gn 22,1-2.9a. 10-13.15-18; Sl 15; Ex 14,15-15,1 Ct.: Ex 15 Is 54,5-14; Sl 29; Is 55,1-11; Ct. Is 12 Br 3,9-15.32-4,4 Sl 18; Ez 36,16-28; Sl 41; Rm 6,3-11; Sl 117; Mt 28,1-10
Quarta-feira da Oitava da Páscoa Cor Branca At 3,1-10 Sl 104 Lc 24,13-35	**9** **Quinta-feira da Oitava da Páscoa** Cor Branca At 3,11-26 Sl 8 Lc 24,35-48	**10** **Sexta-feira da Oitava da Páscoa** Cor Branca At 4,1-12 Sl 117 Jo 21,1-14	**11** **Sábado da Oitava da Páscoa** Cor Branca At 4,13-21 Sl 117 Mc 16,9-15
5 **2ª Semana da Páscoa** Cor Branca At 5,17-26 Sl 33 Jo 3,16-21	**16** **2ª Semana da Páscoa** Cor Branca At 5,27-33 Sl 33 Jo 3,31-36	**17** **2ª Semana da Páscoa** Cor Branca At 5,34-42 Sl 26 Jo 6,1-15	**18** **2ª Semana da Páscoa** Cor Branca At 6,1-7 Sl 32 Jo 6,16-21
2 **3ª Semana da Páscoa** Cor Branca At 8,1b-8 Sl 65 Jo 6,35-40	**23** **3ª Semana da Páscoa** Cor Branca S. Jorge, MFac. At 8,26-40 Sl 65 Jo 6,44-51	**24** **3ª Semana da Páscoa** Cor Branca At 9,1-20 Sl 116 Jo 6,52-59	**25** **S. Marcos, Ev., Festa** Cor Vermelha 1Pd 5,5b-14 Sl 88 Mc 16,15-20
9 **Sta. Catarina de Sena, VgDra., Mem.** Cor Branca At 12,24-13,5a Sl 66 Jo 12,44-50	**30** **4ª Semana da Páscoa** Cor Branca At 13,13-25 Sl 88 Jo 13,16-20	ANOTAÇÕES: __________ __________ __________	

Maio 2026

	DOM	SEG	TER
IV SEMANA DO SALTÉRIO	ANOTAÇÕES:		
I SEMANA DO SALTÉRIO	**3** **5º Domingo da Páscoa** Cor Branca At 6,1-7 Sl 32 1Pd 2,4-9 Jo 14,1-12	**4** **5ª Semana da Páscoa** Cor Branca At 14,5-18 Sl 113B Jo 14,21-26	**5** **5ª Sema da Pásc** Cor Bran At 14,19- Sl 1 Jo 14,27-3
II SEMANA DO SALTÉRIO	**10** **6º Domingo da Páscoa** Cor Branca At 8,5-8.14-17 Sl 65 1Pd 3,15-18 Jo 14,15-21	**11** **6ª Semana da Páscoa** Cor Branca At 16,11-15 Sl 149 Jo 15,26-16,4a	**12** **6ª Sema da Pásc** Cor Bran At 16,22- Sl 1 Jo 16,5-
III SEMANA DO SALTÉRIO	**17** **Ascensão do Senhor, Solenidade** Cor Branca At 1,1-11 Sl 46 Ef 1,17-23 Mt 28,16-20	**18** **7ª Semana da Páscoa** Cor Branca At 19,1-8 Sl 67 Jo 16,29-33	**19** **7ª Sema da Pásc** Cor Bran At 20,17- Sl Jo 17,1-1
IV SEMANA DO SALTÉRIO	**24** **Pentecostes, Solenidade** Cor Vermelha At 2,1-11a Sl 103 1Cor 12,3b-7.12-13 Jo 20,19-23	**25** **Maria, Mãe da Igreja, Mem.** Cor Branca Gn 3,9-15.20 ou At 1,12-14 Sl 86; Jo 19,25-34	**26** **S. Filipe N Presb., Me** Cor Bra 1Pd 1,10- Sl Mc 10,28-
I SEMANA DO SALTÉRIO	**31** **Santíssima Trindade, Solenidade** Cor Branca Êx 34,4b-6.8-9 Ct.:Dn 3 2Cor 13,11-13 Jo 3,16-18	ANOTAÇÕES:	

QUA	QUI	SEX	SÁB
		1 **4ª Semana da Páscoa** Cor Branca S. José Operário, MFac. At 13,26-33; Sl 2 Jo 14,1-6 Leituras próprias: Gn 1,26-2,3 (Cl 3,14-15.17.23-24) Sl 89; Mt 13,54-58 *Dia do Trabalho*	**2** **Sto. Atanásio, BDr., Mem.** Cor Branca At 13,44-52 Sl 97 Jo 14,7-14
6 **5ª Semana da Páscoa** Cor Branca At 15,1-6 Sl 121 Jo 15,1-8	**7** **5ª Semana da Páscoa** Cor Branca At 15,7-21 Sl 95 Jo 15,9-11	**8** **5ª Semana da Páscoa** Cor Branca At 15,22-31 Sl 56 Jo 15,12-17	**9** **5ª Semana da Páscoa** Cor Branca At 16,1-10 Sl 99 Jo 15,18-21
13 **6ª Semana da Páscoa** Cor Branca N. Senhora de Fátima, MFac. At 17,15.22-18,1 148; Jo 16,12-15	**14** **S. Matias, Apóstolo, Festa** Cor Branca At 1,15-17.20-26 Sl 112 Jo 15,9-17	**15** **6ª Semana da Páscoa** Cor Branca At 18,9-18 Sl 46 Jo 16,20-23a	**16** **6ª Semana da Páscoa** Cor Branca At 18,23-28 Sl 46 Jo 16,23b-28
20 **7ª Semana da Páscoa** Cor Branca At 20,28-38 Sl 67 Jo 17,11b-19	**21** **7ª Semana da Páscoa** Cor Branca At 22,30;23,6-11 Sl 15 Jo 17,20-26	**22** **7ª Semana da Páscoa** Cor Branca Sta. Rita de Cássia, Rlg., MFac. At 25,13b-21 Sl 102 Jo 21,15-19	**23** **7ª Semana da Páscoa** Cor Branca At 28,16-20.30-31 Sl 10 Jo 21,20-25
27 **8ª Semana do Tempo Comum** Cor Verde 1Pd 1,18-25 Sl 147 Mc 10,32-45	**28** **8ª Semana do Tempo Comum** Cor Verde 1Pd 2,2-5.9-12 Sl 99 Mc 10,46-52	**29** **8ª Semana do Tempo Comum** Cor Verde S. Paulo VI, Pp., MFac. 1Pd 4,7-13 Sl 95; Mc 11,11-26	**30** **8ª Semana do Tempo Comum** Cor Verde Jd 17.20b-25 Sl 62 Mc 11,27-33

Junho 2026

	DOM	SEG	TER
I SEMANA DO SALTÉRIO		**1** **S. Justino, Mt., Mem.** Cor Vermelha 2Pd 1,2-7 Sl 90 Mc 12,1-12	**2** **9ª Sema do Tem Comu** Cor Ver 2Pd 3,12-15a.17- Sl Mc 12,13-
II SEMANA DO SALTÉRIO	**7** **10º Domingo do Tempo Comum** Cor Verde Os 6,3-6 Sl 49 Rm 4,18-25 Mt 9,9-13	**8** **10ª Semana do Tempo Comum** Cor Verde 1Rs 17,1-6 Sl 120 Mt 5,1-12	**9** **S. José Anchie Presb., Me** Cor Bran 1Rs 17,7- S Mt 5,13-
III SEMANA DO SALTÉRIO	**14** **11º Domingo do Tempo Comum** Cor Verde Êx 19,2-6a Sl 99 Rm 5,6-11 Mt 9,36-10,8	**15** **11ª Semana do Tempo Comum** Cor Verde 1Rs 21,1-16 Sl 5 Mt 5,38-42	**16** **11ª Sema do Tem Comu** Cor Ver 1Rs 21,17- Sl Mt 5,43-
IV SEMANA DO SALTÉRIO	**21** **12º Domingo do Tempo Comum** Cor Verde S. Luís Gonzaga, Rlg., Mem. Jr 20,10-13 Sl 68 Rm 5,12-15 Mt 10,26-33	**22** **12ª Semana do Tempo Comum** Cor Verde 2Rs 17,5-8. 13-15a.18 Sl 59 Mt 7,1-5	**23** **12ª Sema do Tem Comu** Cor Ver 2Rs 19,9b-1 14-21.31-35a. Sl Mt 7,6.12-
I SEMANA DO SALTÉRIO	**28** **S. Pedro e S. Paulo, Aps., Solenidade** Cor Vermelha At 12,1-11 Sl 33 2Tm 4,6-8.17-18 Mt 16,13-19	**29** **13ª Semana do Tempo Comum** Cor Verde Am 2,6-10.13-16 Sl 49 Mt 8,18-22	**30** **13ª Sema do Tem Comu** Cor Ver Am 3,1-8;4,11- S Mt 8,23-

QUA	QUI	SEX	SÁB
S. Carlos Lwanga e Comps. Mts., Mem. Cor Vermelha 2Tm 1,1-3.6-12 Sl 122 Mc 12,18-27	**4** **Santíssimo Corpo e Sangue de Cristo, Solenidade** Cor Branca Dt 8,2-3.14b-16a Sl 147 1Cor 10,16-17 Jo 6,51-58	**5** **S. Bonifácio, BMt., Mem.** Cor Vermelha 2Tm 3,10-17 Sl 118 Mc 12,35-37	**6** **9ª Semana do Tempo Comum** Cor Verde 2Tm 4,1-8 Sl 70 Mc 12,38-44
0 **10ª Semana do Tempo Comum** Cor Verde 1Rs 18,20-39 Sl 15 Mt 5,17-19	**11** **S. Barnabé, Ap., Mem.** Cor Verde At 11,21b-26;13,1-3 Sl 97 Mt 10,7-13	**12** **Sagrado Coração de Jesus, Solenidade** Cor Branca Dt 7,6-11 Sl 102 1Jo 4,7-16 Mt 11,25-30	**13** **Imaculado Coração de Maria, PresbDr., Mem.** Cor Branca S. Antônio de Lisboa e de Pádua, PresbDr., Mem. Is 61,9-11 Ct.: 1Sm 2,1.4-5.6-7.8abcd Lc 2,41-51
7 **11ª Semana do Tempo Comum** Cor Verde 2Rs 2,1.6-14 Sl 30 Mt 6,1-6.16-18	**18** **11ª Semana do Tempo Comum** Cor Verde Eclo 48,1-15 Sl 96 Mt 6,7-15	**19** **11ª Semana do Tempo Comum** Cor Verde 2Rs 11,1-4.9-18.20 Sl 131 Mt 6,19-23	**20** **11ª Semana do Tempo Comum** Cor Verde 2Cr 24,17-25 Sl 88 Mt 6,24-34
4 **Natividade de S. João atista, Solenidade** Cor Branca Is 49,1-6 Sl 138 At 13,22-26 Lc 1,57-66.80	**25** **12ª Semana do Tempo Comum** Cor Verde 2Rs 24,8-17 Sl 78 Mt 7,21-29	**26** **12ª Semana do Tempo Comum** Cor Verde 2Rs 25,1-12 Sl 136 Mt 8,1-4	**27** **12ª Semana do Tempo Comum** Cor Verde Lm 2,2.10-14.18-19 Sl 73 Mt 8,5-17

NOTAÇÕES:

Julho 2026

	DOM	SEG	TER
I SEMANA DO SALTÉRIO	ANOTAÇÕES:		
II SEMANA DO SALTÉRIO	**5** **14º Domingo do Tempo Comum** Cor Verde Zc 9,9-10 Sl 144 Rm 8,9.11-13 Mt 11,25-30	**6** **14ª Semana do Tempo Comum** Cor Verde Sta. Maria Goretti, VgMt., MFac. Os 2,16. 17b-18.21-22 Sl 144 Mt 9,18-26	**7** **14ª Sema do Tem Comu** Cor Ve Os 8,4-7.11- Sl 11 Mt 9,32-
III SEMANA DO SALTÉRIO	**12** **15º Domingo do Tempo Comum** Cor Verde Is 55,10-11 Sl 64 Rm 8,18-23 Mt 13,1-23	**13** **15ª Semana do Tempo Comum** Cor Verde Is 1,10-17 Sl 49 Mt 10,34–11,1	**14** **15ª Sema do Tem Comu** Cor Ve S. Camilo de Lel Presb., MF Is 7,1 Sl Mt 11,20-
IV SEMANA DO SALTÉRIO	**19** **16º Domingo do Tempo Comum** Cor Verde Sb 12,13.16-19 Sl 85 Rm 8,26-27 Mt 13,24-43	**20** **16ª Semana do Tempo Comum** Cor Verde Mq 6,1-4.6-8 Sl 49 Mt 12,38-42	**21** **16ª Sema do Tem Comu** Cor Ve Mq 7,14-15.18- Sl Mt 12,46-
I SEMANA DO SALTÉRIO	**26** **17º Domingo do Tempo Comum** Cor Verde 1Rs 3,5.7-12 Sl 118 Rm 8,28-30 Mt 13,44-52	**27** **17ª Semana do Tempo Comum** Cor Verde Jr 13,1-11 Ct. Dt 32 Mt 13,31-35	**28** **17ª Sema do Tem Comu** Cor Ve Jr 14,17- Sl Mt 13,36-

QUA	QUI	SEX	SÁB
13ª Semana do Tempo Comum Cor Verde Am 5,14-15.21-24 Sl 49 Mt 8,28-34	**2** **13ª Semana do Tempo Comum** Cor Verde Am 7,10-17 Sl 18 Mt 9,1-8	**3** **S. Tomé, Ap., Festa** Cor Vermelha Ef 2,19-22 Sl 116 Jo 20,24-29	**4** **13ª Semana do Tempo Comum** Cor Verde Sta. Isabel de Portugal, MFac. Am 9,11-15 Sl 84 Mt 9,14-17
8 **14ª Semana do Tempo Comum** Cor Verde Os 10,1-3.7-8.12 Sl 104 Mt 10,1-7	**9** **Sta. Paulina, Rlg., Mem.** Cor Branca Os 11,1-4.8c-9 Sl 79 Mt 10,7-15	**10** **14ª Semana do Tempo Comum** Cor Verde Os 14,2-10 Sl 50 Mt 10,16-23	**11** **S. Bento de Núrsia, Ab., Mem.** Cor Branca Is 6,1-8 Sl 92 Mt 10,24-33
15 **S. Boaventura, BDr., Mem.** Cor Branca Is 10,5-7.13-16 Sl 93 Mt 11,25-27	**16** **Nossa Senhora do Carmo, Festa** Cor Branca Zc 2,14-17 Ct. Lc 1 Mt 12,46-50	**17** **BV. Inácio de Azevedo e Comps., Mts., Mem.** Cor Vermelha Is 38,1-6 21-22.7-8 Ct. Is 38 Mt 12,1-8	**18** **15ª Semana do Tempo Comum** Cor Verde Mq 2,1-5 Sl 9B Mt 12,14-21
22 **Sta. Maria Madalena, Festa** Cor Branca Ct 3,1-4a Sl 62 Jo 20,1-2.11-18	**23** **16ª Semana do Tempo Comum** Cor Verde Jr 2,1-3.7-8.12-13 Sl 35 Mt 13,10-17	**24** **16ª Semana do Tempo Comum** Cor Verde Jr 3,14-17 Ct. Jr 31 Mt 13,18-23	**25** **S. Tiago, Ap., Festa** Cor Verde 2Cor 4,7-15 Sl 125 Mt 20,20-28
29 **Sta. Marta, Maria e Lázaro, Mem.** Cor Branca 1Jo 4,7-16 Sl 33 Jo 11,19-27 ou Lc 10,38-42	**30** **17ª Semana do Tempo Comum** Cor Verde S. Pedro Crisólogo, Bispo, MFac. Jr 18,1-6 Sl 145 Mt 13,47-53	**31** **Sto. Inácio de Loyola, Presb., Mem.** Cor Branca Jr 26,1-9 Sl 68 Mt 13,54-58	

Agosto 2026

	DOM	SEG	TER
I SEMANA DO SALTÉRIO	ANOTAÇÕES:		
II SEMANA DO SALTÉRIO	**2** **18º Domingo do Tempo Comum** Cor Verde Is 55,1-3 Sl 144 Rm 8,35.37-39 Mt 14,13-21	**3** **18ª Semana do Tempo Comum** Cor Verde Jr 28,1-17 Sl 118 Mt 14,22-36	**4** **S. João Ma Vianney, Pres Me** Cor Bran Jr 30,1 12-15.18- Sl 1 Mt 15,1-2.10-
III SEMANA DO SALTÉRIO	**9** **19º Domingo do Tempo Comum** Cor Verde 1Rs 19,9a.11-13a Sl 84 Rm 9,1-5 Mt 14,22-33	**10** **S. Lourenço, Diác.Mt., Festa** Cor Vermelha 2Cor 9,6-10 Sl 111 Jo 12,24-26	**11** **Sta. Cla Vg., Me** Cor Bran Ez 2,8– Sl 1 Mt 18,1-5.10.12-
IV SEMANA DO SALTÉRIO	**16** **Assunção de Nossa Senhora, Solenidade** Cor Branca Ap 11,19a; 12,1-6a.10ab; Sl 44 1Cor 15,20-27a Lc 1,39-56	**17** **20ª Semana do Tempo Comum** Cor Verde Ez 24,15-24 Ct. Dt 32 Mt 19,16-22	**18** **20ª Sema do Tem Comu** Cor Ve Ez 28,1- Ct. Dt Mt 19,23-
I SEMANA DO SALTÉRIO	**23** **21º Domingo do Tempo Comum** Cor Verde Is 22,19-23 Sl 137 Rm 11,33-36 Mt 16,13-20	**24** **S. Bartolomeu, Ap., Festa** Cor Vermelha Ap 21,9b-14 Sl 144 Jo 1,45-51	**25** **21ª Sema do Tem Comu** Cor Ve 2Ts 2,1-3a.14- Sl Mt 23,23-
II SEMANA DO SALTÉRIO	**30** **22º Domingo do Tempo Comum** Cor Verde Jr 20,7-9; Sl 62 Rm 12,1-2 Mt 16,21-27	**31** **22ª Semana do Tempo Comum** Cor Verde 1Cor 2,1-5 Sl 118 Lc 4,16-30	ANOTAÇÕES:

QUA	QUI	SEX	SÁB
			1 **Sto. Afonso Maria de Ligório, BDr. Mem.** Cor Branca Jr 26,11-16.24 Sl 68 Mt 14,1-12
18ª Semana do Tempo Comum Cor Verde edicação Basílica Sta. Maria Maior, MFac. Jr 31,1-7 Ct. Jr 31 Mt 15,21-28	**6** **Transfiguração do Senhor, Festa** Cor Branca Dn 7,9-10,13-14 ou 2Pd 1,16-19 Sl 96 Mt 17,1-9	**7** **18ª Semana do Tempo Comum** Cor Verde Na 2,1.3;3,1-3.6-7 Ct. Dt 32 Mt 16,24-28	**8** **S. Domingos, Presb., Mem.** Cor Branca Hab 1,12-2,4 Sl 9A Mt 17,14-20
2 **19ª Semana do Tempo Comum** Cor Verde z 9,1-7.10,18-22 Sl 112 Mt 18,15-20	**13** **Sta. Dulce dos Pobres, Vg., Mem.** Cor Branca Ez 12,1-12 Sl 77 Mt 18,21-19,1	**14** **S. Maximiliano Maria Kolbe, PresbMt., Mem.** Cor Vermelha Ez 16,1-15.60.63 Ct. Is 12 Mt 19,3-12	**15** **19ª Semana do Tempo Comum** Cor Verde Ez 18,1-10.13b.30-32 Sl 50 Mt 19,13-15
9 **20ª Semana do Tempo Comum** Cor Verde S. João Eudes, Presb., MFac. Ez 34,1-11 Sl 22 Mt 20,1-16a	**20** **S. Bernardo, AbDr. Mem.** Cor Branca Ez 36,23-28 Sl 50 Mt 22,1-14	**21** **S. Pio X, Pp., Mem.** Cor Branca Ez 37,1-14 Sl 106 Mt 22,34-40	**22** **Nossa Senhora Rainha, Mem.** Cor Branca Is 9,1-6 Sl 112 Lc 1,26-38
6 **21ª Semana do Tempo Comum** Cor Verde 2Ts 3,6-10.16-18 Sl 127 Mt 23,27-32	**27** **Sta. Mônica, Mem.** Cor Branca 1Cor 1,1-9 Sl 144 Mt 24,42-51	**28** **Sto. Agostinho, BDr., Mem.** Cor Branca 1Cor 1,17-25 Sl 32 Mt 25,1-13	**29** **Martírio de S. João Batista, Mem.** Cor Vermelha Jr 1,17-19 Sl 70 Mc 6,17-29

Setembro 2026

	DOM	SEG	TER
II SEMANA DO SALTÉRIO	ANOTAÇÕES:		**1** **22ª Sema do Tem Com** Cor Ve 1Cor 2,10b- Sl 1 Lc 4,31-
III SEMANA DO SALTÉRIO	**6** **23º Domingo do Tempo Comum** Cor Verde Ez 33,7-9 Sl 94 Rm 13,8-10 Mt 18,15-20	**7** **23ª Semana do Tempo Comum** *Independência do Brasil* Cor Verde 1Cor 5,1-8 Sl 5 Lc 6,6-11	**8** **Nativida de Nos Senhora, Fe** Cor Bra Mq 5,1-4a Rm 8,28- Sl Mt 1,1-16.18-23 Mt 1,18-
IV SEMANA DO SALTÉRIO	**13** **24º Domingo do Tempo Comum** Cor Verde Eclo 27,33–28,9 Sl 102 Rm 14,7-9; Mt 18,21-35	**14** **Exaltação da Sta. Cruz, Festa** Cor Vermelha Nm 21,4b-9 ou Fl 2,6-11 Sl 77 Jo 3,13-17	**15** **N. Senh das Dor Me** Cor Bran Hb 5,7 Sl Jo 19,25-27 Lc 2,33-
I SEMANA DO SALTÉRIO	**20** **25º Domingo do tempo Comum** Cor Verde Is 55,6-9 Sl 144 Fl 1,20c-24.27a Mt 20,1-16a	**21** **S. Mateus, Ap., Festa** Cor Vermelha Ef 4,1-7.11-13 Sl 18 Mt 9,9-13	**22** **25ª Sema do Tem Com** Cor Ve Pr 21,1-6.10- Sl 1 Lc 8,19
II SEMANA DO SALTÉRIO	**27** **26º Domingo do Tempo Comum** Cor Verde Ez 18,25-28 Sl 24 Fl 2,1-11 Mt 21,28-32	**28** **26ª Semana do Tempo Comum** Cor Verde Jó 1,6-22 Sl 16 Lc 9,46-50	**29** **S. Migu Gabrie Rafael, Arcanj Fe** Cor Bra Dn 7,9-10.13-14 Ap 12,7-1 Sl 1 Jo 1,47-

QUA	QUI	SEX	SÁB
22ª Semana do Tempo Comum Cor Verde 1Cor 3,1-9 Sl 32 Lc 4,38-44	**3** **S. Gregório Magno, PpDr., Mem.** Cor Branca 1Cor 3,18-23 Sl 23 Lc 5,1-11	**4** **22ª Semana do Tempo Comum** Cor Verde 1Cor 4,1-5 Sl 36 Lc 5,33-39	**5** **22ª Semana do Tempo Comum** Cor Verde Sta. Teresa de Calcutá, Rlg. MFac. 1Cor 4,6b-15 Sl 144 Lc 6,1-5
23ª Semana do Tempo Comum Cor Verde 1Cor 7,25-31 Sl 44 Lc 6,20-26	**10** **23ª Semana do Tempo Comum** Cor Verde 1Cor 8,1b-7.11-13 Sl 138 Lc 6,27-38	**11** **23ª Semana do Tempo Comum** Cor Verde 1Cor 9,16-19.22b-27 Sl 83 Lc 6,39-42	**12** **23ª Semana do Tempo Comum** Cor Verde 1Cor 10,14-22 Sl 115 Lc 6,43-49
6 **S. Cornélio, PpMt., S. Cipriano, BMt., Mem.** Cor Vermelha 1Cor 12,31–13,1-13 Sl 32 Lc 7,31-35	**17** **24ª Semana do Tempo Comum** Cor Verde 1Cor 15,1-11 Sl 117 Lc 7,36-50	**18** **24ª Semana do Tempo Comum** Cor Verde 1Cor 15,12-20 Sl 16 Lc 8,1-3	**19** **24ª Semana do Tempo Comum** Cor Verde S. Januário, BMt., MFac. 1Cor 15,35-37.42-49 Sl 55 Lc 8,4-15
3 **S. Pio de Pietrelcina, Presb., Mem.** Cor Branca Pr 30,5-9 Sl 118 Lc 9,1-6	**24** **25ª Semana do Tempo Comum** Cor Verde Ecl 1,2-11 Sl 89 Lc 9,7-9	**25** **25ª Semana do Tempo Comum** Cor Verde Ecl 3,1-11 Sl 143 Lc 9,18-22	**26** **25ª Semana do Tempo Comum** Cor Verde S. Cosme e Damião, Mts., MFac. Ecl 11,9–12,8 Sl 89 Lc 9,43b-45
0 **S. Jerônimo, PresbDr., Mem.** Cor Branca Jó 9,1-12.14-16 Sl 87 Lc 9,57-62	ANOTAÇÕES:		

Outubro 2026

	DOM	SEG	TER
II SEMANA DO SALTÉRIO	ANOTAÇÕES:		
III SEMANA DO SALTÉRIO	**4** **27º Domingo do Tempo Comum** Cor Verde Is 5,1-7 Sl 79 Fl 4,6-9 Mt 21,33-43	**5** **27ª Semana do Tempo Comum** Cor Verde S. Benedito, o Negro, Rlg., MFac. Gl 1,6-12 Sl 110 Lc 10,25-37	**6** **27ª Sem do Ten Com** Cor V Gl 1,13 Sl Lc 10,38
IV SEMANA DO SALTÉRIO	**11** **28º Domingo do Tempo Comum** Cor Verde Is 25,6-10a Sl 22 Fl 4,12-14.19-20 Mt 22,1-14	**12** **Nossa Senhora da Conceição Aparecida, Solenidade** Cor Branca Est 5,1b-2;7,2b-3 Sl 44 Ap 12,1.5.13a.15-16a Jo 2,1-11	**13** **28ª Sem do Ten Com** Cor V Gl 5 Sl Lc 11,37
I SEMANA DO SALTÉRIO	**18** **29º Domingo do Tempo Comum** Cor Verde Is 45,1.4-6 Sl 95 1Ts 1,1-5b Mt 22,15-21	**19** **29ª Semana do Tempo Comum** Cor Verde Ef 2,1-10 Sl 99 Lc 12,13-21	**20** **29ª Sen do Te Cor** Cor V Ef 2,1 Lc 12,3
II SEMANA DO SALTÉRIO	**25** **30º Domingo do Tempo Comum** Cor Verde Ex 22,20-26 Sl 17 1Ts 1,5c-10 Mt 22,34-40	**26** **30ª Semana do Tempo Comum** Cor Verde Ef 4,32–5,8 Sl 1 Lc 13,10-17	**27** **30ª Sem do Te Con** Cor V Ef 5,2 Sl Lc 13,1

QUA	QUI	SEX	SÁB
	1 **Sta. Teresinha do Menino Jesus, VgDra., Mem.** Cor Branca Jó 19,21-27 Sl 26 Lc 10,1-12	**2** **Stos. Anjos da Guarda, Mem.** Cor Branca Êx 23,20-23 Sl 90 Mt 18,1-5.10	**3** **Stos. André de Soveral, Ambrósio F. Ferro, Presbs., Comps. Mts., Mem.** Cor Vermelha Jó 42,1-3.5-6.12-16 Sl 118 Lc 10,17-24
Nossa Senhora do Rosário, Mem. Cor Branca At 1,12-14 Ct. Lc 1 Lc 1,26-38	**8** **27ª Semana do Tempo Comum** Cor Verde Gl 3,1-5 Ct. Lc 1 Lc 11,5-13	**9** **27ª Semana do Tempo Comum** Cor Verde Gl 3,7-14 Sl 110 Lc 11,15-26	**10** **27ª Semana do Tempo Comum** Cor Verde Gl 3,22-29 Sl 104 Lc 11 27-28
4 **28ª Semana do Tempo Comum** Cor Verde S. Calixto I, PpMt., MFac. Gl 5,18-25 Sl 1 Lc 11,42-46	**15** **Sta. Teresa de Jesus, VgDra., Mem.** Cor Branca Ef 1,1-10 Sl 97 Lc 11,47-54	**16** **28ª Semana do Tempo Comum** Cor Verde S. Geraldo Majela, Rlg. MFac. Sta. Edwiges, Rlg., MFac. Ef 1,11-14 Sl 32 Lc 12,1-7	**17** **Sto. Inácio de Antioquia, BMt., Mem.** Cor Vermelha Ef 1,15-23 Sl 8 Lc 12,8-12
1 **29ª Semana do Tempo Comum** Cor Verde Ef 3,2-12 Ct. Is 12,2-6 Lc 12,39-48	**22** **29ª Semana do Tempo Comum** Cor Verde S. João Paulo II, Pp., MFac. Ef 3,14-21 Sl 32 Lc 12,49-53	**23** **29ª Semana do Tempo Comum** Cor Verde Ef 4,1-6 Sl 23 Lc 12,54-59	**24** **29ª Semana do Tempo Comum** Cor Verde Sto. Antonio Maria Claret, Bp, MFac. Ef 4,7-16 Sl 121 Lc 13,1-9
8 **S. Judas e S. Simão, Aps., Festa** Cor Verde Ef 2,19-22 Sl 18 Lc 6,12-19	**29** **30ª Semana do Tempo Comum** Cor Verde Ef 6,10-20 Sl 143 Lc 13,31-35	**30** **30ª Semana do Tempo Comum** Cor Verde Fl 1,1-11 Sl 110 Lc 14,1-6	**31** **30ª Semana do Tempo Comum** Cor Verde Fl 1,18b-26 Sl 41 Lc 14,1.7-11

Novembro 2026

	DOM	SEG	TER
III SEMANA DO SALTÉRIO	**1 Todos os Santos, Solenidade** Cor Branca Ap 7,2-4.9-14 Sl 23 1Jo 3,1-3 Mt 5,1-12a	**2 Comemoração de todos os Fiéis Defuntos** Cor Roxa Jó 19,1.23-27a Sl 24 Fl 3,20-21 Mc 15,33-39;16,1-6	**3 S. Martin de Lima, R Me** Cor Bra Fl 2,5 Sl Lc 14,15
IV SEMANA DO SALTÉRIO	**8 32º Domingo do Tempo Comum** Cor Verde Sb 6,12-16 Sl 62 1Ts 4,13-18 Mt 25,1-13	**9 Dedicação da B. do Latrão, Festa** Cor Branca Ez 47,1-2.8-9.12 ou 1Cor 3,9c-11.16-17 Sl 45 Jo 2,13-22	**10 S. Le Mag PpDr., Me** Cor Bra Tt 2,1-8.11 S Lc 17,7
I SEMANA DO SALTÉRIO	**15 33º Domingo do Tempo Comum** *Proclamação da República* Cor Verde Pr 31,10-13. 19-20.30-31 Sl 127 1Ts 5,1-6 Mt 25,14-30	**16 33ª Semana do Tempo Comum** Cor Verde Ap 1,1-4.2,1-5a Sl 1 Lc 18,35-43	**17 Sta. Isa da Hung Rlg., Me** Cor Bra Ap 3,1-6.14 S Lc 19,1
II SEMANA DO SALTÉRIO	**22 Jesus Cristo, Rei do Universo, Solenidade** Cor Branca Ez 34,11-12.15-17 Sl 22 1Cor 15,20-26.28 Mt 25,31-46	**23 34ª Semana do Tempo Comum** Cor Verde Ap 14,1-3.4b-5 Sl 23 Lc 21,1-4	**24 Sto. An Dung-L Presb. e Com Mts., Me** Cor Verm Ap 14,14 S Lc 21,5
I SEMANA DO SALTÉRIO	**29 1º Domingo do Tempo do Advento** Cor Roxa Is 63,16b-17.19b; 64,2b-7 Sl 79 1Cor 1,3-9 Mc 13,33-37	**30 Sto. André, Ap., Festa** Cor Vermelha Rm 10,9-18 Sl 18A Mt 4,18-22	ANOTAÇÕES:

QUA	QUI	SEX	SÁB
S. Carlos Borromeu, B., Mem. Cor Branca Fl 2,12-18 Sl 26 Lc 14,25-33	**5** **31ª Semana do Tempo Comum** Cor Verde Fl 3,3-8a Sl 104 Lc 15,1-10	**6** **31ª Semana do Tempo Comum** Cor Verde Fl 3,1-4,1 Sl 121 Lc 16,1-8	**7** **31ª Semana do Tempo Comum** Cor Verde Fl 4,10-19 Sl 111 Lc 16,9-15
S. Martinho de Tours, B., Mem. Cor Branca Tt 3,1-7 Sl 22 Lc 17,11-19	**12** **S. Josafá, BMt., Mem** Cor Vermelha Fm 7-20 Sl 145 Lc 17,20-25	**13** **32ª Semana do Tempo Comum** Cor Verde 2Jo 1,4-9 Sl 118 Lc 17,26-37	**14** **32ª Semana do Tempo Comum** Cor Verde 3Jo 1,5-8 Sl 111 Lc 18,1-8
33ª Semana do Tempo Comum Cor Verde Dedicação das Basílicas de Pedro e S. Paulo, MFac. Ap 4,1-11 Sl 150 Lc 19,11-28	**19** **Ss. Roque González, Afonso Rodríguez, João del Castillo, PresbsMts., Mem.** Cor Vermelha Ap 5,1-10 Sl 149 Lc 19,41-44	**20** **33ª Semana do Tempo Comum** Cor Verde Ap 10,8-11 Sl 118 Lc 19,45-48 *Dia Nacional de Zumbi e da Consciência Negra*	**21** **Apresentação de Nossa Senhora, Mem.** Cor Branca Zc 2,14-17 Ct. Lc 1 Mt 12,46-50
34ª Semana do Tempo Comum Cor Verde Ap 15,1-4 Sl 97 Lc 21,12-19	**26** **34ª Semana do Tempo Comum** Cor Verde Ap 18,1-2.21-23; 19,1-3.9a Sl 99 Lc 21,20-28	**27** **34ª Semana do Tempo Comum** Cor Verde Ap 20,1-4.11–21,2 Sl 83 Lc 21,29-33	**28** **34ª Semana do Tempo Comum** Cor Verde Ap 22,1-7 Sl 94 Lc 21,34-36

Dezembro 2026

	DOM	SEG	TER
I SEMANA DO SALTÉRIO	ANOTAÇÕES:		**1** **1ª Sema** **do Adve** Cor R Is 11,1 S Lc 10,21
II SEMANA DO SALTÉRIO	**6** **2º Domingo do Advento** Cor Roxa Is 40,1-5.9-11 Sl 84 2Pd 3,8-14 Mc 1,1-8	**7** **Sto. Ambrósio, BDr., Mem.** Cor Branca Is 35,1-10 Sl 84 Lc 5,17-26	**8** **Imacul** **Conceição** **Virgem Ma** **Solenida** Cor Bra Gn 3,9-15 S Ef 1,3-6.11 Lc 1,26
III SEMANA DO SALTÉRIO	**13** **3º Domingo do Advento** Cor Roxa ou Rósea Is 61,1-2a.10-11 Ct. Lc 1 1Ts 5,16-24 Jo 1,6-8.19-28	**14** **S. João da Cruz, PresbDr., Mem.** Cor Roxa Nm 24,2-7.15-17a Sl 24 Mt 21,23-27	**15** **3ª Sema** **do Adve** Cor R Sf 3,1-2.9 S Mt 21,28
IV SEMANA DO SALTÉRIO	**20** **4º Domingo do Advento** Cor Roxa 2Sm 7,1-5.8b-12.14a.16 Sl 88 Rm 16,25-27 Lc 1,26-38	**21** **Preparação próxima do Natal** Cor Roxa Ct 2,8-14 Sl 32 Lc 1,39-45	**22** **Prepara** **próxima** **Na** Cor R 1Sm 1,24 Ct.1S Lc 1,46
I SEMANA DO SALTÉRIO	**27** **Sagrada Família, Jesus, Maria e José, Festa** Cor Branca Eclo 3,3-7.14-17a Sl 127 Cl 3,12-21 Lc 2,22-40	**28** **Santos Inocentes, Mts., Festa** Cor Vermelha 1Jo 1,5–2,2 Sl 123 Mt 2,13-18	**29** **5º Dia** **Oitava** **Natal do Sen** Cor Bra 1Jo 2,3 S Lc 2,22

QUA	QUI	SEX	SÁB
1ª Semana do Advento Cor Roxa Is 25,6-10a Sl 22 Mt 15,29-37	**3** **S. Francisco Xavier, Presb., Mem.** Cor Branca Is 26,1-6 Sl 117 Mt 7,21.24-27	**4** **1ª Semana do Advento** Cor Roxa S. João Damasceno, PresbDr., MFac. Is 29,17-24 Sl 26 Mt 9,27-31	**5** **1ª Semana do Advento** Cor Roxa Is 30,19-21.23-26 Sl 146 Mt 9,35–10,1.6-8
2ª Semana do Advento Cor Roxa Is 40,25-31 Sl 102 Mt 11,28-30	**10** **2ª Semana do Advento** Cor Roxa Is 41,13-20 Sl 144 Mt 11,11-15	**11** **2ª Semana do Advento** Cor Roxa Is 48,17-19 Sl 1 Mt 11,16-19	**12** **Nossa Senhora de Guadalupe, Festa** Cor Branca Gl 4,4-7 Sl 95 Lc 1,39-47
6 **3ª Semana do Advento** Cor Roxa Is 45,6b-8.18.21b-25 Sl 84 Lc 7,19-23	**17** **Preparação próxima do Natal** Cor Roxa Gn 49,2.8-10 Sl 71 Mt 1,1-17	**18** **Preparação próxima do Natal** Cor Roxa Jr 23,5-8 Sl 71 Mt 1,18-24	**19** **Preparação próxima do Natal** Cor Roxa Jz 13,2-7.24-25a Sl 70 Lc 1,5-25
3 **Preparação próxima do Natal** Cor Roxa Ml 3,1-4.23-24 Sl 24 Lc 1,57-66	**24** **Preparação próxima do Natal** Cor Roxa 2Sm 7,1-5.8b-12.14a.16 Sl 88 Lc 1,67-79	**25** **Natal do Senhor, Solenidade** Cor Branca Missa da Noite: Is 9,1-6; Sl 95; Tt 2,11-14; Lc 2,1-14 Missa do Dia: Is 52,7-10; Sl 97; Hb 1,1-6; Jo 1,1-18	**26** **Sto. Estêvão, protomártir. Festa** Cor Vermelha At 6,8-10.7,54-59 Sl 30 Mt 10,17-22
0 **6º Dia na Oitava do Natal do Senhor** Cor Branca 1Jo 2,12-17 Sl 95 Lc 2,36-40	**31** **7º Dia na Oitava do Natal do Senhor** Cor Branca S. Silvestre, Pp., MFac. 1Jo 2,18-21 Sl 95 Jo 1,1-18	ANOTAÇÕES:	

A Liturgia terrena, antecipação da Liturgia celeste

"Pela Liturgia da terra participamos, saboreando-a já, na Liturgia celeste celebrada na cidade santa de Jerusalém, para a qual, como peregrinos, nos dirigimos e onde Cristo está sentado à direita de Deus, ministro do santuário e do verdadeiro tabernáculo; por meio dela cantamos ao Senhor um hino de glória com toda a milícia do exército celestial, esperamos ter parte e comunhão com os Santos cuja memória veneramos, e aguardamos o Salvador, Nosso Senhor Jesus Cristo, até Ele aparecer como nossa vida e nós aparecermos com Ele na glória."

(Constituição Sacrosanctum Concilium, n.8)

EDITORA SANTUÁRIO

9 786555 275186